권력 승계의 비밀

글

최봉수

서울대학교 국어국문학과를 졸업했다. 김영사 편집장, 중앙M&B 전략기획실장, 랜덤하우스중앙 COO를 거쳐 웅진씽크빅, 메가스터디 대표이사, 프린스턴리뷰 아시아 총괄대표를 지낸 후 현재는 기업, 단체의 자문과 집필을 하고 있다. 지은 책으로 《출판기획의 테크닉》(살림, 1997), 《인사이트》(나무나무, 2013), 《오십, 고전에서 역사를 읽다》(가디언, 2022)이 있다.

질문하는 인문학 ④

# 권력 승계의 비밀

꼬리에 꼬리를 물고 중국을 관통한
오랑캐의 피

최봉수 지음

가디언

## "질문하는 인문학"
### 기획 의도


출판업은 제조업으로 분류됩니다.

무형의 지식과 정보를 활자로 변형하여

종이에 새겨 책이라는 상품을 찍어내는 비즈니스입니다.

TV라는 영상 매체가 등장하면서

활자 출판업은 올드 미디어로 분류되었습니다.

PC와 모바일폰이 진화하면서

종이책은 불편해졌고,

환경 파괴의 종범 정도까지 취급되고 있습니다.

그러면 출판업은 사라져야 할까요?


그래서

출판업을 다시 정의해 봅니다.

출판업의 핵심 역량은

활자와 종이가 아닙니다.

에디팅editing, 편집입니다.

지식과 정보를 가공하고 배열하여

새로운 가치를 만들어내는 비지니스라고,


출판일을 처음 할 때

책은 지식과 정보를 제공해야 한다고 배웠습니다.

그런데 시간이 지나 인터넷 시대가 되면서

사람들은 더 이상 책에서 정보를 구하지 않습니다.

그리고 챗GPT가 등장하면서

앞으로 지식도 책에서 얻으려 하지 않을 것입니다.

그러면 책은 사라져야 할까요?


그래서

책의 가치를 다시 생각해봅니다.

정보를 모으고, 지식을 나열하는 일은

0과 1만 아는 괴물에게 넘기고

그 대신

그 괴물이 토해내는

어마어마한 팩트 더미에서

하나의 질문을 찾아야 한다고

지식과 정보에서 지혜를 구해야 한다고.

# 머리말

결국,

사람이다.


'질문하는 인문학'은 사람 이야기다.

그 사람의 일생이 아니라

역사에 등장했던 순간

그의 선택에 관한 이야기다.

역사는 배경이 되고,

근거가 되고,

결과를 보여줄 뿐이다.


우리의 관심은

기록에 남아 있지 않은

그 사람의 내면의 목소리에 귀 기울이는 것이다.

그는 왜 그런 선택을 했을까?

그의 선택을 이해하기 위해

역사를 가져오고

상황을 분석하고

그래서

그러한 선택을 한 그의 그릇을 잰다.


어느 시대나

사람은 똑같다.

영원을 살 것처럼 일생을 앙탈 부리는가 하면

일생을 찰나처럼 여겨 영원을 구하기도 한다.

그 사람들에게서

지금 내 주변 사람을 이해하고 싶다.

당위를 내세울 의도는 애초에 없다.

짠하면 짠한 대로

찡하면 찡한 대로

사람 냄새를 맡고 싶을 뿐이다.

굳이 덧붙인다면

왜 그랬냐고.

# 차례

# Q

중국 역사상 가장 긴 분열의 시기는 한漢이 망하고 수隋가 중국을 재통일할 때까지 400년 가까운 위진남북조 시대입니다. 이 시기는 중국 역사상 권력자와 지배계급이 보여줄 수 있는 가장 추악하고 위선적인 막장을 다 보여준, 중국에서도 기억하고 싶지 않은, 지워버리고 싶은 시간, 그래서 우리에게도 잘 알려지지 않은 중국의 흑역사 시대입니다.

그러나 역사를 지우고 또 지워도 그 시간이 남긴 흔적은 다음 역사에 어떻게든 스며들어 어떤 모습으로든 다시 나타나는 법입니다.

삼국을 통일한 사마씨의 진이 막장의 끝을 보여주다 팔왕의 난으로 스스로 주저앉으며 뤄양에서 시안으로 다시 양쯔강 이남 난징으로 동진한 이후 중원은 다섯 오랑캐가 차지합니다. 그리고 중원에서 새로운 역사가 시작됩니다. 오랑캐와 한족의 동거 시대가 중국 역사상 처음으로 열립니다. '변방의 야만적이고 날쌔며 용맹한 피'가 '중원의 퇴폐적인 몸'과 합쳐지자 새로운 시대가 펼쳐진 겁니다.

우리는 지금 바로 그 현장을 찾아갈 것입니다. 거기서 변방의 날것이 중원에서 숙성되는 그 시간을 함께할 것입니다.

## 〈삼국지연의〉가 지워버린 사마씨 3대

후한이 멸하고 수가 다시 천하를 통일할 때까지 400년 동안 이어진 위진남북조 시대의 왕조를 간략히 정리하면 다음과 같다.

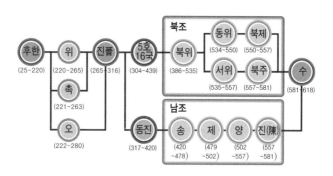

위 표에서 보는 바와 같이 〈삼국지연의〉로 우리에게 잘 알려진 삼국시대가 먼저 시작하고, 뒤를 이어 서진시대, 오

호십육국 시대 그리고 남북조 시대를 거쳐 마침내 수가 대륙을 통일한다. 여기서 퀴즈 하나.

"삼국을 통일한 왕조는?"

위 표를 보면 삼국을 통일한 왕조는 진晉일 것 같은데, 우리의 〈삼국지연의〉 기억에는 조조의 위魏가 아니었나? 그러면 퀴즈 하나 더.

"삼국시대를 이끈 조조, 유비, 손권 중 가장 먼저 죽은 사람은?"

정답은 조조다. 조조가 220년에 가장 먼저 눈을 감는다. 이어 유비가 223년, 손권이 가장 오래 살았는데 252년이다. 가장 강성했던 위, 즉 조조가 삼국을 통일하지 못한 것이다! 그러면? 우리는 〈삼국지연의〉에 가려 이 시대에 중요한 한 인물을 놓쳤다.

사실 삼국시대 전반부의 주인공이 조조, 유비, 손권이라면,

후반부의 주인공은 단연 사마의다. 〈삼국지연의〉가 삼국시대의 전반부에 집중하면서 후반부를 흐지부지한 탓에 사마의를 우리의 기억 위에 올려놓지 않았다. 또한 유비와 제갈량을 편애하면서 조조를 왜곡했듯이 후반부의 주인공인 사마의를 평가절하했다. 우리가 아는 〈삼국지연의〉의 사마의에 대한 기억은 '사공명주생중달死孔明走生仲達'뿐이다. 죽은 공명(제갈량)이 산 중달(사마의)을 쫓아냈다는 고사인데, "내 머리가 아직 붙어 있느냐?"고 개드립까지 덧붙였다. 그런데 그때 사마의는 이미 제갈량의 죽음을 확인하고, 추모까지 한 이후였다. 〈삼국지연의〉의 나관중이 제대로 소설을 썼다.

삼국시대 후반부의 터닝포인트는 249년 사마의의 고평릉 사변이다. 이 쿠데타 이후 사마씨가 조조의 위나라를 접수하면서 삼국 통일 대장정이 시작된다. 263년 그의 둘째 아들 사마소가 유비의 촉나라를 멸망시킨다. 265년 사마소의 아들 사마염이 조조의 위나라를 폐하고 진을 세워 황제에 오른다. 이어 280년에는 손권의 오나라까지 정복하면서 마침내 삼국을 통일한다. 이렇게 사마씨 3대가 촉, 위, 오

를 차례차례 접수하며 삼국시대를 끝내고 서진시대를 연
다. 그런데 우리는 삼국의 분열과 대립은 잘 알면서 (그것도
〈삼국지연의〉를 통해서!) 그 결말로서 통일과정은 몰랐고,
그 주역들을 주목하지 않았다. (〈삼국지연의〉 때문에!) 그
래서 사마의는 물론 사마씨 3대 모두를 잘 알지 못한다.

전 권 〈권력자와 지식인의 관계〉에서 삼국시대 후반에
위정자와 지식인의 관계, 특히 지식인의 이중성에 주목했
다. 여기서는 삼국시대를 통일한 서진의 사마씨 3대, 그중
에서 사마의와 사마사 부자 이야기로 시작하고자 한다. 특
히 인생의 중요한 몇몇 갈림길에서 그 두 사람이 선택한 항
로를 통해 두 사람을 새로이 조명해보고자 한다.

# 고개 돌린 이리 상, 사마의

진의 실질적 창시자인 사마의(진의 선제宣帝로 추존)는 원술이나 하후현 집안만큼은 아니지만, 후한의 내로라하는 명문세가의 후손이다. 사마의 집안은 대대로 곧고 청렴하였으며, 자식 교육도 엄격하여 나아감과 물러남에 신중한 유교적 가풍을 지킨 청류파 가문으로 명망이 높았다. 특히 사마의의 여덟 형제는 하나같이 학문이 뛰어나 당대 사마팔달司馬八達이라 불렸는데, 사마의는 그중 둘째 중달仲達이었다. 그래서 〈삼국지연의〉에서 그를 사마중달이라 칭했다.

조조가 원소와의 결전을 앞두고 사마의에게 출사하길 요청했을 때, 그는 중풍의 일종인 풍비에 걸렸다고 핑계를 대고 사양했다. 이 선택에 대한 후세의 해석이 여럿이다. 청류파 가문의 일원으로 탁류파로 분류되는 조조의 편에는 설 수 없지 않았나 하는 주장과 그때만 해도 원소의 세력이 조조보다 훨씬 강력하여 눈치를 보지 않았나 하는 주장이 그것이다. 결국 이래저래 사마의가 간을 보았다는 건 맞는 해석이다.

이후에도 조조와 그 주변에서 사마의에게 몇 차례 더 출사를 요청했음에도 거절하자 마침내 조조가 출사하지 않으면 하옥시키겠다고 겁박했다. 그러자 못이기는 척 관직에 나섰지만, 곧 병을 핑계로 슬그머니 다시 물러나길 반복했다. 그런 사마의의 처신에 조조는 고까울 수밖에 없었다. 당시 유자들 사이에서 조조를 '환관에게 양자로 들어간 더러운 족속'이라 경멸하며 그 휘하에 들어가길 꺼리는 분위기도 일조를 했을 것이다. 조조의 양자이자 사위이기도 한 하안조차 "예禮란 서로 다른 족과 자리를 같이하지 않는 것에서 시작한다."며 출사를 거부했으니, 청류파 가문인 사마의의 처신을 마냥 나무랄 수만도 없다.

이런 상황과 분위기를 감안하더라도 조조는 사마의의 처신에 의문을 품었던 것같다. 그래서 다른 접근을 한다. 관상가에게 사마의의 관상을 보게 했다. 이리가 고개를 돌린

사마의

모습, 낭고상狼顧相이라 했다. 조조는 확인차 사마의를 불러 고개를 돌려보라고 했다. 사마의가 몸은 움직이지 않고 머리만 획 돌렸다. 맞다, 낭고상! 사마의는 '경계심이 많아 출사를 주저한다'고 했다. 하지만 돈이든 뜻이든 속에 품은 것이 없으면 경계할 리 없다. 자신을 숨기고자 하는 것은 들키고 싶지 않은 것을 품고 있다는 거다. 조조는 그것이 께름직했다.

어쩌면 조조는 사마의에게서 자신의 모습을 읽었는지도 모른다. 사마의의 형제들은 이미 출사하여 정권에 몸을 담고 있었다. 그러니 사마의가 이 정권에 선뜻 나서지 않는 이유는 나아감과 물러남에 신중한 가문의 유교적 가풍과 상관없다. 사마의만 지금이 나설 때가 아니라고 생각하고 있는 것이다. 그가 출사의 시기를 저울질한다는 것은 신하로서 나라와 정권에 충성하는 것 이상의 더 큰 뜻을 품었다는 것이다. 사실 세상에서 가장 께름직한 것은 내 앞에 있는 사람에게서 지난날 자신이 감추고 싶었던 그 속내가 보일 때다.

조조가 장자 조비와 3남 조식을 두고 후계자를 고민할 때다. 당시만 해도 장자 승계가 관행은 아니었다. 조비는 아버지 조조의 마음을 얻으려고 노심초사하며, 조조의 측근들을 자기 사람으로 끌어들이는 데 공을 들였다. 그러나 조조는 총명하고 매사에 자신만만했으며 위아래 거리낌 없이 대하는 조식에게 더 마음이 끌렸다. 그래서 측근들에게 동조를 얻으려 자문을 구했지만, 그들은 에둘러 답을 했으나 하나같이 결론은 조비의 손을 들었다. 이미 조비가 바닥을 다져놓은 터였다. 조조는 사마의와 그 사마팔달 형제들이 조비의 뒤에 어른거리는 모습이 든든하기보다 불안했다. 조조는 태자가 된 조비에게 유언처럼 말했다. "사마의는 신하가 될 사람이 아니야."

삼국시대 후반부의 하이라이트는 제갈량의 북벌이고, 사마의와 마지막 승부다. 그러나 〈삼국지연의〉에서 가장 재미없는 전투이기도 하다. 제갈량이 천재형이라면, 사마의는 노력형이다. 제갈량이 한 수 앞을 내다보고 움직인다면, 사마의는 한 수 뒤를 복기하고 움직인다. 제갈량의 계략이 신계의 화려한 묘책이라면, 사마의의 계략은 인간계의 재미없는 방책이다. 그러니 제갈량은 사마의가 불편했다. 죽음의 그림자가 다가올수록 제갈량의 마음은 급한데, 사마의는 그와 전면전을 회피하고 전선의 거리를 유지하며 제갈량의 뒤를 쫓으며 건강만 체크한다.

〈자치통감〉에서 사마광은 사마의를 "작게는 총명하고 사리에 통달했으며, 크게는 큰 모략이 있었다."고 평했다. 낭고상답게 항상 주변을 경계하며 자신을 숨겼지만, 그를 알아보는 사람은 있었다. 후계자를 낙점해야 하는 조조의 머릿속에 사마의는 종양이었을 것이다. 조여오는 운명 앞에 마지막 계략으로 버텨야 하는 제갈량의 눈에 사마의는 철벽이었을 것이다. 그의 큰 모략을 알면서도 당할 수밖에 없는 조조와 제갈량의 마음은 영 찝찝하고 불편했을 것이다.

사마의가 공손연의 난을 평정하고 읊은 명대사가 있다. "싸울 수 있을 때는 싸우고, 싸울 수 없을 때는 지키고, 지킬 수 없을 때는 달아나고, 달아날 수 없을 때는 항복하고, 항복할 수 없으면 죽어야 한다." 사마의를 이해하기 위해서는 이 말에 주목할 필요가 있다. 그의 선택의 가장 중요한 요소는 이른바 세勢다. 힘일 수 있고, 흐름일 수 있다. 주관보다 객관을 먼저 앞세운다. 지극히 현실적이고 냉철한 접근이다. 어떤 순간에도 대의나 명분에 휘둘리지 않는다.

사실 이런 사람은 당해낼 재간이 없다. 억울한 상황이 닥쳐도 욱해서 속을 다 드러내기보다 현실을 인정하고 인내하며 소명의 때를 기다리는 사람. 때가 아직 멀었다고 판단해도 섣불리 뜻을 흩트리거나 놓아버리지 않고 자신을 도리어 낮추고 숨기며, 필요하다면 거짓을 꾸미고 위장도 할 줄 아는 사람. 그러나 기회가 오면 절대 놓치지 않고, 한번 물면 숨을 끊을 때까지 놓지 않는 사람. 측은지심이 없어 잔인한 사람. 그래서 낭고상이라는 사람. 조심성도 많지만, 본질은 이리와 같은 사람. 그 사람이 사마의다.

## "천하는 사마사의 것"

그 사마의가 나이 일흔한 살에 고평릉 사변을 일으켜 조상의 권력을 축출하고 조위의 실권자로 올라선다. 그러나 이내 숨을 거두고 그의 장남 사마사(진의 경제景帝로 추존)가 권력을 잇는다. 여기서 또 우리는 상상이 시작된다. 고평릉 사변이 249년이고, 251년에 사마의가 눈을 감았다. 그 2년 동안 사마의는 계속 골골했다. "천자가 친히 사마의의 사저로 행차하여 자문을 구했다."는 기록도 있다. 이로 미루어보아 사마의는 얼굴마담이었을 뿐, 고평릉 쿠데타의 주역은 사실 장남 사마사라는 주장에 설득력이 있다.

세상과 역사에 그 모습을 잘 드러내지 않았던 사마사, 그는 어떤 인물일까?

사마사는 이십 대에 이미 역심을 품었다. 그래서 이를 눈

치챈 아내를 독살까지 했다는 주장이 있다. 그의 아내 하후휘는 조위의 개국공신 하후상의 딸로, 사마사의 평생 라이벌이며, 조위의 마지막 충신인 하후현의 누이였다. 그녀는 총명하여 야심이 남다른 남편 사마사를 위해 뜻을 함께 세우고 계획을 도모하며 금슬을 키웠다. 그런데 사마사가 조위 정권에 충심이 없다는 것을 확인한 후 두 사람의 관계가 틀어졌고 이어 그녀는 음독사했다.

이 기록이 사실이라면 사마사는 아주 위험한 캐릭터다. 자신의 야욕을 위해 아내를 독살한 이유만이 아니다. 그때까지는 조예가 권력을 제대로 장악하고 있던 때라 조위 왕조가 탄탄했고, 아버지 사마의도 대장군에 막 올랐지만, 제갈량의 북벌을 막아내느라 역심을 품을 계제가 아니었기 때문이다. 그런데 그 어린 놈이 역심을 품어? 그래서 아내까지 독살해? 소시오패스급이다. 어머니에 대해서는 유독 공감과 애정을 보인 사례로 보아 사이코 수준까지는 아니었던 것 같고.

사마사는 처남이자 라이벌인 하후현과 곧잘 비교된다. 두 사람의 경력도 겹친다. 무관을 선발하는 중호군도 차례로 맡았는데, 두 사람의 인재 선발 기준이 달랐다고 한다. 한 사서에 "하후현이 뽑은 사람은 하나같이 뛰어나지 않은 인물이 없었다." 그런데 "사마사는 일부러 다른 사람에 비해 공이 높지 않은 자만 유독 선발했다."는 기록이 있다. 이것은 단순히 기준이 다른 것이 아니라, 분명 의도의 차이를 보여주는 증언이다. 그때 이미 사마사가 역심을 품어 그가 선발한 사람은 조위 정권을 위해 재능과 목숨을 바칠 인재가 아니라 스스로 부족함을 알아 사심을 드러낼 수 없는 자였다는 거다. 사마사, 정말 그랬던 거야? 이 정도 긴 안목에 간특함까지 갖췄다면 아버지 사마의는 물론 조조도 능가하지 않을까. 우리가 왜 몰랐지?

조상 정권의 이부상서(오늘날 민정수석)로 인사권을 휘둘렀던 하안은 하후현과 사마사를 비교하며 "드러나지 않은 도리까지 깊이 헤아려 능히 천하의 뜻에 형통한 것은 하후태초(하후현)이며, 사물의 징조를 엿보아 천하의 대사를 이룰 만한 인물은 사마자원(사마사)이다."고 평했다. 천재 하안답게 두 인재의 결이 다른 재능을 정확하게 비교했다. 정권의 기획자를 자처한 하안의 의중은 당시 양대 세력가 집안의 두 대표주자를 조상 정권의 차세대 핵심으로 키우고 싶었던 모양이다.

그러나 전 권에서도 언급했지만, 하안은 헛똑똑이였다. 조상 정권을 무너뜨린 고평릉 사변이 일어나고도 조상 정권의 실세였던 하안은 그가 총애했던 사마사가 자신만은 살려줄 거라 믿었다. 그래서 조상 정권의 국정농단 조사책임자로 임명되었을 때 사냥개 짓을 마다하지 않은 이유도 조상 일당과 자신을 분별한 까닭이다. 그러나 하안의 본질을 꿰뚫고 그를 사냥개로 내세워 조상 정권을 탈탈 털어 삼족을 멸할 명분을 만들어내도록 배후 기획한 이가 다름 아닌 사마사였다. 하안은 처형당하는 순간까지도 그 사실을 까마득히 몰랐다. 하안이 순진한 건지 사마사가 냉혈한 건지. 아니면 둘 다인지.

그런 사마사가 권력을 잡은 지 5년도 안 지나 관구검의 난을 진압하러 갔다가 눈 위에 난 혹이 터져 과출혈로 급사한다. 〈삼국지연의〉는 이를 놓치지 않고 죽자마자 눈알

이 뛰어나왔다고 소설을 썼다. 사마사 개인적으로 너무 억울할 거다. 스무 살부터 역심을 품으며 그토록 바랐던 권력의 시간이 이렇게 짧게 끝났으니. 그러나 빈말이긴 하나 그 뒤를 이은 동생 사마소가 "천하는 사마사의 것"이라고 말할 정도로 사마사는 그 짧은 시간에 이미 많은 것을 끝내 놓았다.

사실 사마의가 고평릉 사변을 일으켰을 당시만 해도 뤄양의 정가는 조위의 개국공신과 그 후손들이 다 차지하고 있었고, 개국한 지 얼마 되지 않은 시점이라 조위에 대한 충심에 변화가 없었다. 사마의가 사변을 일으킨 이유를 조상의 무군지심無君之心, 즉 조위에 대한 역심이라고 말할 정도였다. 그리고 뤄양 사람들도 조위의 가장 큰 어른인 사마의가 병약한 몸을 친히 이끌고 나와 역적의 무리를 소탕한 것으로 받아들였다. 그때까지도 사마씨가 조위를 폐할 것이라고는 누구도 상상하지 못했다. 사마사를 제외한 사마씨들조차도.

사마사와 사마소

그러나 사마사가 전면에 나서면서 분위기가 바뀌기 시작했다. 그는 먼저 조상 잔당을 숙청한다는 명분으로 대대적인 개각을 단행했다. 그 면면을 보면 외양상으로는 개국공신 등 기존 인사들을 탕평하듯 두루 배치했으나, 주요 직책은 사마씨의 사람들이 차지했다. 여기서 사마씨 사람들이란 덕망이 높은 노장파와 머리가 비상한 개국공신 2세대인 소장파 중에서 조상 정권에서 소외되거나 미움을 받아 조위 왕조에 충심이 높지 않은 사람들이었다. 그들은 정작 사마씨 집안사람들보다 더 적극적으로 조위에서 사마씨로의 권력 교체에 앞장섰다.

사마사가 정권을 잡은 후 일어난 왕릉, 이풍, 장집, 관구검, 문흠 등 개국공신들의 반란이 끊이질 않은 것도 명분은 조위 왕조의 복원이지만, 실상은 이 사마씨 사람들에 의해 권력의 중심에서 밀려나자 일으킨 반발이었다. 사마사가 집권한 5년은 이러한 반란과 그 진압의 연속으로 혼란스럽게 비치지만, 그 이면은 조위 왕조의 흔적을 지우고 사마씨의 나라로 새로이 단장하는 혁명의 과정이었다. 사마소가 형의 돌연사로 얼떨결에 권력을 넘겨받았을 때는 이미 사마씨 세력이 조위의 조정을 완전히 장악한 뒤였다. 그래서 '천하는 사마사의 것'이라고 말한 것이다.

사마사는 사마의에 가려 그렇게 세상에 알려진 인물은 아니다. 심지어 사마의도 몇 해 전 드라마 〈대군사 사마의〉로 재조명되었으니 사마사까지 이어지려면 시간이 더 걸릴지 모른다. 어쩌면 사마사보다 그의 뒤를 이은 동생 사마소가 먼저 무대에 오를지도 모르겠다. 사실상 조위를 해체하고 서진의 기반을 닦은 이는 사마사이나, 그 사마사조차 차마 하지 못했던 조위 황제를 백주에 창으로 찌르고 칼로 등을 꿰뚫어 죽인 이는 사마소였다. 그리고 〈삼국지연의〉의 조국인 촉을 멸망시킨 이 또한 사마소였다. 그래서 〈삼국지연의〉는 사마사의 많은 업적(?)을 사마소에게로 돌렸다. 사마사는 한마디로 건너뛰었다. 저주를 한 놈(?)에게 몰았던 것이다.

그러나 사마의가 고평릉 사변을 일으킬 때 사마사는 기획부터 참여하여 은밀히 사병 3천을 준비하는 등 모의를 주동했지만, 사마소는 거사 전날까지 몰랐다. 사마의가 배

제했다. 사마사와 달리 지나치게 감정적이고 치밀하지 못해 일을 그르칠까 두려워서다. 사마사는 일생의 경쟁자였지만 처남이자 동무였던 하후현이 이풍의 역쿠데타에 연루되자 가차 없이 참수하는데, 사마소는 동네 형 하후현의 죽음에 눈물을 보이며 사마사를 말리려 했다. 그러나 사마사는 황제가 친위 쿠데타에 가담했지만, 폐위만 했을 뿐인데, 사마소는 그런 황제를 대놓고 처단했다. 그래서 민심을 잃고 정권의 정당성도 잃게 되자 뒤늦게 그 책임을 또 아랫사람에게 뒤집어씌웠다. 이런 게 바로 프로와 아마의 차이다.

그래서 어쩌면 〈삼국지연의〉나 여러 사서들조차도 이 사마씨 삼부자 중 물고 뜯기에 사마의와 사마사보다 사마소가 더 만만했을지 모른다. 그가 진을 세운 사마염의 아버지라는 이유도 있지만, 사마사와 달리 즉흥적이나 어리숙하고, 영악하나 속이 다 들여다보이는 이 순진한 권력자가 훨씬 드라마틱하고 스토리텔링의 요소가 많기 때문이다.

그러나 혹 사마소를 무대에 올린다면 반드시 사마사도 함께 다루는 것이 좋겠다. 사마의를 재조명하면서 그에게서 몰라봤던 정치력의 업그레이드 버전을 사마사에서 찾을 수 있기 때문이다. 사마의만큼 극적인 반전 요소가 없어 재미 요소는 떨어지지만, 지나치게 냉철한 사마사의 정치적 선택이 어쩌면 이 세상에 보다 현실적인 메시지가 될 수도 있기 때문이다.

## 오호십육국, 막장의 끝

진晉을 동진으로 몰아내고 화북을 장악한 오호십육국의 선봉은 흉노족이 세운 전조前趙다. 전조는 서진 말 팔왕의 난을 틈타 중국 역사상 최초로 중원을 장악한 이민족 왕조다. 개국 군주는 흉노족 대선우 유연劉淵이다.

그는 흉노족의 왕자로 어린 나이에 서진의 인질이 되었다. 거기서 당대 최고의 유학자들과 교류하며 한족 문화를 흡수하면서 한편으로 한족 지배계급의 분열도 엿보았다. 그래서 진에서 내란이 일어나자 바로 봉기하여 진을 밀어내고 중원을 장악할 수 있었고, 제국을 세운 뒤 이민족 군주로는 최초로 유학을 국가 이념으로 내세울 수 있었다. 묵돌 이후 흉노족 최고의 영걸이다.

그는 중원을 장악하고 처음 제국을 선언할 때 나라 이름을

한漢이라 하고, 전한, 후한 그리고 촉한의 전통을 잇겠다고 선언했다. 흉노족인 그가 한족의 왕조를 잇겠다고? 그것도 한, 왜? 그 이유는 황당하게도 그의 조상이자 흉노족의 대영웅 묵돌이 한 고조 유방을 공격하여 포위하자 유방이 서둘러 '앞으로 흉노 왕에게 한의 공주를 시집 보내겠다.'는 화친조약을 맺은 것에서 비롯되었다.

이후 묵돌의 후손들은 그들의 성씨를 한 황실의 성인 유劉를 사용했다. 그래서 유연이 된 것이다. 유연은 스스로 '흉노는 한의 동생'이라 주장했다. 그래서 한을 잇겠다고 선언한 것이다. 실제로 황제에 오른 후 유연은 전한의 유방과 후한의 유수 그리고 촉한의 유비 등 삼조三祖 황제들의 제사까지 지냈다. 변방의 콤플렉스가 역사마저 꼬았다.

그러나 서진을 멸하고 중원을 통일해 의기양양하게 뤄양에 입성하여 촉한을 잇는 한의 황제에 오르려 했던 유연의 꿈을 이룬 이는 그의 셋째 아들인 3대 유총이다. 〈삼국지연의〉의 속편 〈후삼국지〉에는 이 사실을 두고 "촉한 유비의 후손인 유연이 사마씨를 멸하고 마침내 한을 부흥했다."고 환호했다. 그러나 그 유연은 안타깝게도 유비의 후손이 아니고, 한족도 아닌 흉노족이었다. 흉노족인 유연이 한의 전통을 잇겠다는 것도 뜬금없는데, 이를 또 한의 부흥이라 호들갑을 떠는 것은 적이 안쓰럽다. 뻔히 알면서도 이렇게 왜곡하는 것이 가증스러울 뿐이다.

또 유연의 아버지 이름이 하필 유표인데, 〈삼국지〉에 나오는 한 황실의 종친이자 형주자사 유표가 아니라 동명이인이다. 사마의에 의해 제갈량과 유비가 쓰러지고 촉한이 무너지는 것을 안타깝게 지켜봐야 했던 〈삼국지연의〉 마니아들은 그 후손인 유연이 마침내 100년 뒤 다시 일어나 선대 영웅들의 복수를 한다니 이 얼마나 드라마틱하고 통쾌한 일이겠는가. 그러나 현실은 항상 냉정하고도 씁쓸하다. 팩트에 눈 감고 판타지를 창조했을 뿐이다.

그 전조도 여섯 번째 황제까지 이어지나, 창업자 유연을 기준으로 3대를 넘지 못했다. 3대 유총 이후 서진 못지않게 지배층이 분열하며 서진의 막장을 재연하다 30년도 버티지 못하고 자멸한다. 유연의 조카뻘인 5대 유요가 황제

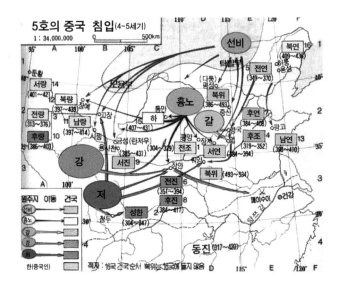

중원에 등장한 오호십육국 지도

에 오르며 한과의 관계를 절연하고 흉노의 후예임을 새로이 선포하며 나라 이름도 조趙로 바꾼다. 그 덕분에 역사도 촉한을 잇는 한의 후예가 아니라 흉노족의 나라, 전조로 기록하였다. 그나마 다행이다.

오호십육국 시대는 전조가 일어난 304년에서 북위가 화북을 통일한 439년까지 다섯 오랑캐와 한족이 화북지역에 꼬리에 꼬리를 물며 다투어 나라를 일으켰다 쓰러져간 대혼란기다.

이렇게 막을 올린 오호십육국 시대의 오호五胡, 즉 다섯 오랑캐는 중원인 화북지역을 100년 넘게 지배한 흉노, 선비, 갈, 저, 강족을 일컫는다. 십육 국이라 하지만 그나마 나라 꼴을 갖춘 나라만 쳐서 십육 국이고, 실제 이 시기에 간판을 내건 나라는 그보다 훨씬 많다. 여기에는 다섯 오랑캐만이 아니라 한족이 세운 나라까지 포함되어 있다. 중원의 이 대혼란을 정리하고 그나마 나라 꼴을 갖추고 남북으로 두 나라가 대립하는 남북조 시대를 연 나라는 선비족이 세운 북위北魏다. 그러니 오호십육국 시대는 다섯 오랑캐 중

흉노족이 열고, 선비족이 마무리한 셈이다.

북위는 3대 태무제 때 북으로는 오늘날 외몽고를 지배하던 같은 탁발 선비 계열인 유연柔然을 고비사막 이북으로 몰아내고, 동으로는 관동지역 후연 이북을 차지하고 있던 고구려 계열 북연北燕을 멸하고, 서로는 간쑤와 산시성을 지배하던 역사상 마지막 흉노족 국가인 북하北夏를 해체시키며 화북을 통일하여 오호십육국 시대를 끝낸다.

오호십육국의 평균 수명이 32.19년, 30년 남짓이다. 2대까지도 이어지기 어려운 권력이었다. 그러나 서진의 막장극을 오호십육국은 하나같이 고스란히 업그레이드하여 카피하였다. 그 짧은 시간에 그 많은 막장극을 매번 새롭게 창작하고 연출하고 시연한 것이 놀라울 따름이다. 그래서 시대가 막장이 되었다. 중국 역사도 혀를 차며 고개를 돌렸다.

"가끔은 눈을 감아요.

그러면 새로운 세계가 열립니다."


그것은 상상의 세계다.

우리는 너무 오랫동안 눈 감는 것을 잊고 살았다.

언제나 '내가 아는' 상식의 세계에 갇혀 살았는지 모른다.


호박벌은

자기 같은 체형으로는 결코 날 수 없다는 상식을

모르기 때문에 일주일에 1,600km를 날아다닌다.


열사의 땅 두바이를 꿈의 도시로 바꾼

세이크 모하메드의 말이다.

"나의 한계는 곧 나의 상상력의 한계다."


이미 기록된 과거의 역사도 마찬가지다.

기록되지 않은 더 많은 시간과 공간을 채울 상상력이야말로

잃어버린 역사를 복원하여

보다 진실에 가까이 다가가는 힘이다.

# 관롱집단(關隴集團)이란?

북위는 소위 호한체제胡漢體制 이론의 전형을 보여준 국가다. 중국 역사는 기본적으로 한족이 주체였지만, 짧지 않은 기간 한족이 아닌 이민족 '오랑캐'에 지배당하기도 했다. 그러나 중국은 비록 이민족에 지배를 당하더라도 금세 한족이 문화적으로 그들을 흡수해 한족의 전통을 이어갔다는 흡수이론을 주류로 삼았다. 반면 호한체제 이론은 이민족이 한족에 흡수당한 것이 아니라, 양 민족이 한 지역에 공존하며 제도나 문화가 갈등과 순화를 통해 융합하면서 새로운 문화를 만들어갔다는 주장이다.

후자의 주장이 더 순리적이고 진보적으로 보인다. 북위에서 나타났던 호한체제 이론은 한족 왕조로 분류하는 수隋와 당唐까지 이어졌다고 주장한다. 그리고 그 상징적 집단으로 관롱집단關隴集團을 든다. 관롱집단은 북위에서 시작하여 오호십육국, 남북조 시대를 거쳐 수, 당대까지 권력의 핵심을 차지한 관중(關中, 오늘날 산시성)과 농서(隴西, 오늘날 간쑤성 동남 지역)에 본적을 둔 문벌 세족門閥勢族을 일컫는 개념이다. '관중'의 '관'과 '농서'의 '농'을 따서 '관롱'이라 붙였다. 중국의 역사학자 천인커陳寅恪가 만든 개념이다. 그런데 청나라의 고증학자 조익趙翼은 "북주, 수, 당은 모두 무천(武川, 오늘날 내몽고 우촨현)에서 나왔다."고 주장했다. 두 사람의 말을 연결해보면 관롱집단은 무천에서 시작되었다는 것이다. 이 두 사람의 주장을 역사에서 찾아가 보자.

# 비 주류의 도발

북위의 3대 황제 태무제가 화북지역을 통일한 후 유연을 몰아내고 장성연선(長城沿線, 오늘날 내몽골 자치구 남쪽에서 랴오닝성 자오양까지) 일대에 수도 평성 이북을 방어하기 위해 특별군정구特別軍政區인 6진을 설치했다.

처음 6진을 설치할 때는 정권 차원의 전략적 중요성을 고려하여 선비족 귀족 중에서 우수한 인재들을 선발하여 파견했고, 높은 직위와 특권을 부여했으며, 국가적으로 매우 영예로운 임무로 각인하였다. 말하자면 선비족 엘리트들이 국가의 부름을 받아 높은 사명감으로 변경에 나갔고, 조정은 그들을 우대하고 특별 대우하여 자부심을 갖도록 한 것이다.

그러나 7대 황제 효문제에 이르러 북위는 제국의 영토가

북위의 수도 평성과 뤄양 그리고 6진

확장됨에 따라 효율적인 통치를 꾀하기 위해 화북에 남아 있던 한족과 남조에서 올라온 한족을 국사에 적극적으로 끌어들여 중국식 중앙집권제를 도입했다. 그 과정에서 오랑캐와 한족, 호한胡漢간 결혼과 한성漢姓 개명 장려는 물론 심지어 오랑캐의 풍속胡俗과 오랑캐의 말胡語을 금지하는 한화 정책으로 빠르게 중국화되어 갔다.

조정의 이러한 변화는 변방 6진에 남아 있던 선비족의 귀족들과 문화적 괴리를 낳았고, 그들을 점차 권력의 중심에서 소외시키더니 끝내 차별대우로 이어졌다. 거기다 수도를 평성에서 뤄양으로 천도하면서 6진의 전략적 중요성까지 반감되었다. 순수 혈통을 자랑하는 6진의 선비족과 한화漢化로 때깔을 갈아치운 조정의 선비족은 이미 동일 민족으로서의 정체성이 희미해졌다. 조정과 6진 사이에 긴장감이 돌았다. 효문제가 죽자 급격한 한화 정책의 부작용이 드러나며 조정은 정쟁이 일어나고 선비족 내부에 분열이 발생했다. 마침내 6진의 선비족이 반란을 일으켰다.

6진의 난으로 북위는 동위와 서위로 갈라선다. 서위가 자리한 지역이 바로 관중과 농서, 관롱지역이다. 동위가 회삭진 출신으로 한족에 동화된 선비족 고환이 권력을 잡은 데 반해, 서위는 무천진 출신 선비족 우문태가 실권을 잡았다. 그는 동향 출신 무신들을 팔주국, 12대장군으로 임명하며 무천진 출신 선비족으로 서위의 군부를 장악했다.

여기에 서위로 넘어온 산둥(山東, 오늘날 산시성, 허베이성, 허난성 일대) 출신 한족들이 합류하면서 관중사족關中土族을 형성한다. 무천진 출신 선비족이 중심이 된 팔주국과 산둥 출신 한족이 중심이 된 관중사족이 서위를 폐하고 북주를 세운 뒤 북제까지 정복하며 다시 화북을 통일한다. 이 팔주국 가문과 관중사족이 바로 관롱집단의 시초다.

역사는 미래를 위해 과거에 무심한 듯 씨앗을 뿌린다. 그리고 때를 기다린다. 혼란의 시기가 오면 그 씨앗이 움터 어느새 새로운 세력으로 부상한다. 그들은 순수성과 사명감에 선민의식으로 똘똘 뭉친다. 그리고 역사가 부르자 힘찬 말발굽 소리와 함께 무대에 당당히 등장한다. 무천진의 엘리트 선비족들이 그렇게 관중으로 돌아왔다. 그러나 광활

한 초원을 구중궁궐 속에 담으려니 모든 것이 낯설고 서투르다. 그때 등장한 지식인 집단, 경험 많은 관료집단이 바로 관중사족이다. 마침내 그들이 피를 섞으며 새로운 미래를 그려나간다.

무천진 선비족들은 관중사족에게 문文을 빌리고, 관중사족은 무천진 선비족으로부터 무武를 취한다. 지배층에서 선비족과 한족, 호한胡漢이 혼인을 통해 피가 섞이며 문과 무가 합쳐지니 새로운 인류가 역사에 등장한다. 천인커는 "변방의 야만적이고 날쌔며 용맹한 피를 취하여 중원의 퇴폐적인 몸에 주입하니 옛 더러움은 제거되고 새로운 기회가 다시 열려 확장하게 되니 마침내 예기치 못한 새로운 국면을 맞게 된다."고 표현하였다.

태무제가 6진을 세우고 뛰어난 흉노족 귀족 인재들을 선발해 집단 파견했을 때 그들이 100년 뒤 새로운 권력 집단이 되어 금의환향할 것이라고 누구도 예상하지 못했을 것이다. 그러나 역사적으로 보면 엘리트 집단이 특정 시기, 특정 지역에 집단화되고, 그들 스스로 혹은 외부에 의해 사명감이 부여되고 자부심을 품어 선민의식을 갖게 되면, 훗날 어떤 기회나 명분이 주어졌을 때, 때로는 스스로 기회와 명분을 만들어 반드시 역사에 다시 등장한다.

무천진 엘리트 선비족도 그 하나다. 처음에는 자기 집단을 제외한 다른 모든 세력을 무능하고 부패한 구악, 적폐 세력으로 간주한다. 선민의식으로 무장하여 자기들끼리만 똘똘 뭉쳐 새로운 계급과 질서를 만들고 구악과 분별하는 완장을 나눠 찬다. 길지 않은 우리 현대사에서도 그런 부류를 찾을 수 있다. 한때 육사 중심의 군부 엘리트들이 그랬고, 또 그들에 저항했던 소위 운동권 출신 정치집단이 욕하면서 배웠다. 당시 팔주국, 12대장군이 그런 부류였다. 다만 다른 점은 그들은 가문을 이루고 또 세습했다는 것뿐이다.

그래서 눈 밝은 이는 일찌감치 그 맹아들을 눈여겨본다. 지금도 아무도 모르게, 어쩌면 자신들도 모르는 사이에 미래를 준비하는 '변방의 오랑캐'가 어디선가 꿈틀거리고 있을지 모른다.

# 캐보면 한통속

400년 위진남북조 시대의 분열을 끝내고 중국을 통일한 왕조는 수隋이고, 그 주인공은 양견楊堅, 수문제隋文帝다. 그의 성, 양楊은 한화漢化 정책에 따라 하사받아 개명한 성씨이고, 그의 선비 성은 버드나무를 뜻하는 보류여普六茹다.

중국 학계에서 그를 한족 혹은 몰락한 한족이라 주장하지만, 기록에 따르면 그의 조상이 북위 때 무천진으로 이주했다는 기록이 있는 걸 보아 선비족이 아니었나 싶다. 더욱이 그의 처가 무천진 출신 선비족으로 서위의 권력자인 독고신의 막내딸, 독고가라다. 그런데 당시 관롱집단 선비족 특히 팔주국, 12대장군 가문은 그들끼리 결혼하는 풍습을 가지고 있었다. 그런 점에서 수문제 집안도 그 일원일 가능성이 크다.

재미있는 사실은 무천진 선비족 독고신의 넷째 딸이 또 당唐을 건국한 고조高祖 이연李淵의 어머니라는 점이다. 그러니까 수문제는 당고조 이연의 이모부가 되고, 그 아들 수양제는 이종사촌이 되는 셈이다.

당고조의 아버지 쪽은 태종을 비롯하여 그 후대 황실에서 워낙 농서 이씨임을 내세우며 그 족보를 과대 포장하고 왜곡해서 그 뿌리를 찾아가기 어렵다. 그럼에도 분명한 것은 그 어머니 쪽이 무천진 출신 선비족이라는 거다. 수문제 양견의 경우와 같은 논리로 당시 혼인풍습으로 비추어 보면 아버지 쪽도 선비족이거나 한화 선비족 혹은 호한 혼혈일 가능성이 더 크다. 아무리 양보한다고 해도 수 황실은 물론 당 황실도 최소한 반은 무천진 선비족이다. 그래서 수와 당까지 무천진 관롱집단에서 비롯되었다는 주장이 설득력을 갖는 것이다.

그런데 웃기는 것은 수 황실에서는 스스로 선비족이라 굳이 밝히지 않고, 후한 때 태위를 지낸 양진의 후손이라 주장했다. 그에 반해 당 황실은 유난스럽게 선비족과 선을 분명하게 긋고, 농서 이씨로 한족 출신 왕의 후예임을 내세운 다는 거다. 거기에 그치지 않고 대놓고 이전 왕조의 가문들을 하나같이 '미천한 출신'이라고 비아냥대며, 자신들이 하, 상, 주 이후 중국 왕조 중 창업자가 유일하게 한족 출신임을 강조한다.

그러면서 당 황실의 시조는 춘추전국시대 노자老子이며, 가까이는 오호십육국 서량의 태조 흥성제가 당 고조 이연의 8대조라 주장한다. 웃기는 이야기다. 자존감 떨어지는 허세다. 그렇게 따지면 전 세계 이씨李氏 성을 가진 모든 이가 다 노자의 후손이고, '한족 왕의 후예'다.

앞서 말한 대로 북위 효문제 때 적극적인 한화 정책을 펼치자 많은 선비족 귀족들이 한성漢姓을 따오면서 당시 세족 가문 중 특히 산둥의 칠성십가七姓十家에서 많이 빌렸다. 칠성십가는 당에 와서 최고의 명문가를 지칭하는 말로 7개 성씨와 10개의 본관을 일컫는 말이다. 농서 이씨도 그중 하나다. 그러니 당시 선비족들이 많이들 농서 이씨로 개명했었다.

이를 빗대 어느 이가 당 태종 앞에서 "폐하가 이씨라지만, 탁발(선비)씨의 핏줄이며, 농서의 핏줄은 아니다."고 말했다가 참수까지 당했다. 콤플렉스가 심했던 당 태종이야 당시 그럴 수 있다지만, 지금까지도 당 황실을 굳이 한족이라 우기고 있는 역사가들은 뭔가? 한족이 아닌들, 그냥 중국인이면 족하지 않을까? 마치 일본 황실이 수천 년 동안 한 핏줄, 한 가계로 이어져 왔다는 만세일계万世一系를 주장하는 것처럼 허망하다는 느낌이다.

실제로 수와 당이 건국할 때 수문제와 당고조를 창업자로 밀어 올린 세력이 바로 관롱집단이고, 당 초기 권력의 중심을 이룬 세력이 또 팔주국, 12대장군 가문과 관중사족의 후예들 아닌가. 즉, 수와 당 초기까지는 관롱집단이 권력의 주류였음은 부인할 수 없다. 그러니 그냥 그대로 인정하면 될 일이다. 사실 후손들이 더 야단이다. 못난 후손일수록 조상에 더 유난을 떤다.

## 주변부 이론

변화는 항상 중심이 아니라 변방에서 시작합니다.

아래 그림에서 보는 것처럼
변화는 다이아몬드의 중앙이 아니라 상하좌우 네 모서리에서
각자 자기 방향으로 작용합니다.

그 후 다이아몬드가 힘에 이끌리면서
변화 방향에 따라 한 모서리가 새로운 중심이 됩니다.
과거 중심은 새로운 다이아몬드에서는 한쪽 모서리가 되면서
반동이 됩니다.
그리고 과거 모서리는 새로운 다이아몬드에서 떨어져나가면서
일탈이 됩니다.

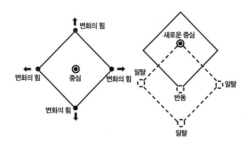

그래서

한 사회의 주류는 언젠가는

반동이 되고,

변방의 비주류가 변화를 주도하면서

새로운 중심이 되는 이치입니다.


또 하나 명심할 것은

변방의 비주류라고 해도

변화를 주도하지 못한다면

결국 일탈로 끝난다는 사실입니다.

중심에서 벗어나 모서리에 선다고 해서

다 미래의 주인이 될 수 없는 이유입니다.

그렇다면

여러분은 지금

어디에 서 있나요?

# 변론 1, 범생이과 리더 수문제 양견

위진남북조 400년의 분열을 끝낸 수隋, 그리고 그 수의 창업자 수문제에 대한 오해가 많다. 먼저 수의 이미지가 진秦과 겹친다는 거다. 전국시대를 통일한 진, 위진남북조시대를 끝낸 수, 두 나라 모두 오랜 혼란을 끝내고 중원을 통일했다. 두 왕조 모두 2대로 끝나는데, 진은 14년, 수는 37년으로 단명 왕조라는 거다. 그래서 둘 다 좀 폐가廢家스럽다.

또 수는 고구려를 정벌하러 갔다가 살수에서 보기 좋게 당해 멍청한 공룡으로 낙인되어 있기도 하다. 어리석다. 거기다 수문제, 수양제 2대에 걸쳐 진시황의 만리장성 못지 않은 대운하 토목공사로 민초의 허리를 꺾어버렸다. 폭군 이미지다. 그래서 두 황제가 한통속으로 어리석은 폭군 이미지이다. 그래서 창업자인 수문제隋文帝 양견楊堅은 억울하다.

양견은 한족 명문가인 홍농 양씨 양충의 장남이다. 그러나 앞서 말한 대로 한성을 하사받아 개명한 선비족일 가능성이 높다. 아버지 양충은 상관인 선비족 독고신과 함께 서위의 실권자인 우문태 밑에서 일했다. 우문태의 아들 우문각이 서위를 폐하고 북주를 세울 때 큰 공을 세워 수국공에 봉해지며 재상에 오른다. 양견은 북주의 실세인 아버지의 후원을 받아 승승장구하며 높은 관직을 두루 거친다.

양견의 외모에 관한 일화가 많다. 우문태가 양견을 보고 "이 아이의 골격과 풍채는 세상 사람 같지 않아."라며 탄식했다고 한다. 신하의 관상에서 제왕의 상을 본다는 것은 두려운 일일 것이다. 우문태의 장남인 북주 황제 우문육도 불안했던지 관상가에게 양견을 보였다. 확인하고 싶었다. 그런데 관상가는 '대장군 감에 불과한 인물'이라고 거짓말했다. 그 관상가는 양견의 상을 알아보고 일찌감치 줄을 바꿔 선 것이다.

양견 수문제

선비족의 실세였던 독고신獨孤信도 양견을 미리 알아보고 서둘러 자신의 어린 막내딸과 혼인시킨다. 이렇게 양견은 준비된 인물이었다. 〈사기史記〉에서 한漢 고조 유방의 외모를 표현한 융준용안隆準龍眼, 우뚝한 코와 부리부리한 눈을 가진 제왕의 상이 양견에게도 있었던 모양이다.

양견은 역대 중국 왕조의 창업주 중 가장 손쉽게 제왕에 올랐다는 평을 듣는다. 북주의 마지막 황제 우문천이 일곱 살에 즉위하는데, 양견의 외손자다. 양견은 직접 북제를 멸하고 화북을 통일한 실권자로서 관중사족을 대표했고, 그의 장인은 팔주국 출신으로 선비족의 좌장인 독고신이다. 당대 지배계급인 관롱집단의 두 대표 그룹을 양손에 쥐었다. 마음먹기에 따라 언제든 제왕에 오를 수 있었다.

그런데 양견이 주저한다. 서진과 오호십육국 시대를 거치며 선왕을 폐하고 스스로 제위에 오르는데 눈치 볼 염치는 이미 사라진 지 오래다. 단지 양견의 인성 탓이다. 어릴 때부터 주변으로부터 촉망받고 자란 범생이 과가 다 그렇다. 남에게 안 좋은 소리는 듣기 싫고, 항상 칭찬받고 싶은 스타일, 그래서 망설이는 것이다. 누군가가 꼭 나서서 떠먹여 줘야 한다. 그러면 못 이긴 척 받아먹는다. 범생이 과가 욕심을 채우는 방식이다. 양견도 그랬다.

그 누군가를 자처하고 나선 이가 바로 아내 독고가라다. 열네 살에 서둘러 혼례를 올렸지만, 아버지 독고신으로부터 권력의 속성을 일찍 배웠고, 선비족의 피를 받아 솔직하고 직설적이며 잔머리를 굴리지 않았다. 독고가라는 양견에게 "당신은 이미 하루에 천 리를 달리는 호랑이 등에 올라탄 처지이니 이제는 내릴 수 없는 상황이에요."라고 황제가 될 것을 재촉했다. 그때서야 양견도 마지못한 듯 북주의 마지막 황제 우문천으로부터 제위를 선양받는 형식을 거쳐 다음 해 황제에 오른다.

독고가라는 북주를 폐하고 수를 일으켜 제국의 기틀을 세우는 데 반 몫을 한 창업 파트너. 그런데 수와 수문제가 제대로 평가받지 못하는 만큼 여걸 독고가라도 역사에 제대로 등재되지 못했다. 그녀는 어린 나이에 양견에게 시집오며 내건 조건이 딱 하나였다. "자신 이외의 어떠한 여인에게서도 자식을 보지 말라." 당차다. 아무리 권력자 독고신의 딸이라지만, 당시에 신부가 내걸 수 있는 조건이 아니다. 실제로 양견은 후궁을 여럿 두었지만, 5남 4녀인 자식 모두를 독고가라, 문헌황후에게서 얻었다. 양견은 수문제가 되어서도 범생이로 살았던 모양이다.

수문제의 업무 스타일과 관련한 두 개의 고사성어가 있다. 그 하나는 의심암귀疑心暗鬼, 의심하게 되면 없던 귀신도 생긴다. 즉, 누구도 믿지 못하여 무슨 일이든 남에게 맡기지 못하고 결국 자기 혼자서 다 처리해야 하는 스타일이다. 그러다 보니 의사결정이 지연되고, 국정 운영이 늦어질 수밖에 없었다. 안타까운 일이지만, 창업 군주의 고독이 느껴진다.

다른 하나는 위사전찬衛士傳餐, 자신이 혼자 모든 일을 밤늦도록 처리해야 하는 탓에 식사할 시간도 없어서 호위하는 군사들을 시켜 회의하는 곳으로 식사를 가져오게 했다는 뜻이다. 수문제와 곧잘 비교되는 진시황秦始皇도 하루에 150근의 서류를 저울에 재서 다 처리하기 전에는 식사도

하지 않았다. 그래서 나온 고사성어 형석정서衡石程書와 같은 말이다. 창업 군주들의 고집도 느껴진다.

수문제의 재위기간(581~604년)은 23년 5개월이다. 문헌황후가 죽자(602년) 상심이 너무 커 국사를 그만 손에서 놓고 만다. 그래도 20년, 그와 문헌황후가 이룬 업적은 진시황 못지않다. 그가 확립한 균전제는 중국의 마지막 왕조인 청까지 이어지며 토지정책의 기본이 되었고, 그가 설계한 행정 구역제는 오늘날 대만에서도 찾을 수 있다. 그리고 자신이 관롱집단 출신이고 그들의 지원을 받아 집권했지만, 가문과 핏줄로 관리를 채용하던 구품중정제를 폐지하고 과거제를 도입하였다. 여기서 배출된 신진 지식인 관료들이 당대에 사대부를 이루었고, 송대에 귀족을 대신하여 국정의 중심으로 성장하였다.

# 너무나 억울한 수문제 양견

그럼에도 불구하고 수문제가 역사에서 제대로 대접받지 못한 것은 수隋라는 왕조가 너무 슬그머니 세워지더니 너무 황급하게 멸망한 탓이 크다. 바로 이어 중국에서 두 번째로 장수 국가인 300년 왕조, 당唐이 들어서며 그 그늘에 묻힌 탓도 있다. 그래서 400년 분열을 끝낸 공을 챙기지도 못했다. 여느 창업 군주처럼 드라마틱한 창업 스토리도 없고, 그에 따른 재사나 명장들의 무용담이 없는 까닭도 있다. 창업의 의의는 큰데, 그 의미를 빛낼 스토리텔링이 빠진 셈이다.

최근에 서구에서 수문제에 대한 재평가가 이루어지고 있다. 수문제를 '세계사를 바꾼 인물' 82위에 올렸다. 그 이유로 그가 중국이라는 하나의 아이덴티티를 대륙에 심은 인물이라는 점을 들었다. 우리가 받아들이기에 되레 생뚱맞아 과한 느낌마저 든다.

그러나 서구에서는 한이 멸망한 후 400년의 분열을 끝내고 전국을 통일한 수문제가 오늘날까지 중국을 하나의 통일국가로 이어지도록 한 DNA를 대륙에 심었다는 것이다. 그들 눈에는 로마가 멸망한 후 300여 년 뒤 샤를마뉴가 유럽을 통일하지만, 그 이후 다시 분열하여 오늘날까지 통일을 이루지 못한 것과 비교가 된 모양이다. 샤를마뉴가 놓친 뭔가를 수문제는 해냈다는 거다.

그런 수문제가 정말 억울한 것은 그의 뒤를 이은 아들 수양제와 도매급으로 취급된다는 점이다. 심지어 수문제와 수양제를 구분 못 하는 경우도 더레 있다. 사실 둘이 좀 헷갈린다. 둘 다 고구려를 침공했다가 되레 된서리를 맞았고, 진시황의 만리장성과 맞먹는 대운하 공사를 벌였다는 공통점 때문이다.

수문제는 대운하 공사를 시작했지만 민초의 고통이 심하다는 상소가 올라오자 바로 중단했다. 하지만 수양제는 그렇게 중단된 토목공사를 다시 강행했을뿐더러 완공한 후 운하에서 2백 척 길이의 4층 용주龍舟를 타고 전국을 돌며 축

하 유람 퍼레이드까지 벌이며 민초의 가산과 피땀을 다시 한번 탈탈 털었다. 아예 질이 다른 군주다.

수문제는 관중에 대기근이 들어 민초들이 힘들어하자 자신의 탓이라고 수라의 반찬 수를 줄이고 술과 고기를 입에 대지 않았으며, 스스로 민초의 아픔을 함께하기 위해 그들의 삶을 따라 해보기도 하는 등 이전 400여 년 동안 찾아보기 드문 군주였다. 또 관료의 사치와 부패를 극도로 싫어해 뇌물에 연루된 관료들을 가차 없이 참수했다. 심지어 자신이 부러 뇌물을 보내고 이를 받는 관료까지 찾아가 처벌할 정도였다.

400년 분열과 혼란의 시기에 지친 민심을 어루만지려고 조세를 낮추고 하사품을 성대히 내리고 또 때로는 아예 조세를 거두지도 않았다. 그 결과 인구가 늘고 경제력이 폭발적으로 성장하는데 그 수준은 150년 뒤 당의 전성기인 현종대에 가서야 겨우 회복하였다. 그런데 그 아들 수양제가 재위 13년 동안 그걸 모두 망가뜨려 버렸다. 말 그대로 아버지는 호랑이인데 자식이 개, 호부견자虎父犬子였다. 우리는

양광 수양제

그동안 이렇게 호랑이와 개를 헷갈려 한 셈이다.

수양제의 원래 시호는 명제明帝다. 양제煬帝는 이후 당에서 붙여 놓은 시호다. 시호에는 선시善諡와 악시惡諡가 있는데, 양煬은 대표적 악시다. '여자를 좋아하고 예를 멀리 한다'는 뜻이 있는데 수양제가 태자일 때 중환으로 자리에 누운 아버지 수문제를 간호하던 후궁을 겁탈했다. 또 '하늘의 뜻을 거스르고 백성을 해친다'는 뜻도 있다. 수양제는 그를 폐출하려던 아버지 수문제를 시해하고, 형 양용을 목을 졸라 죽였다. 그런데 명제라니, 양제가 맞다.

중국사에 여러 양제가 있었지만 아버지를 죽이고 제위를 찬탈한 양제는 수양제뿐이다. 그런데 그의 연호가 대업大業이다. 아버지 수문제가 400년 동안 갈기갈기 찢긴 대륙 위에 일군 대업을 다시 산산 조각내 100년 뒤로 후퇴시킨 그의 재위 13년 동안의 연호가 하필 대업이라니, 기가 막힌다.

그러니 수양제와 수문제를 도매급으로, 단명한 수 왕조의 동급의 황제군으로 묶는다는 것은 수문제 양견으로서는 여간 억울한 일이 아니다. 더욱이 양견은 평생을 조심스럽게 산 인물이다. 그래서 짠하기조차 하다. 어릴 때부터 차기 지도자로 세간의 주목을 받아 한 시도 언행을 조심하지 않을 수 없었다. 선택된 자로서 역사와 민초의 삶에 대한 책임감으로 황제의 자리에 올라서도 쉬 경계의 끈을 놓지 못했다.

그래서 유일한 낙이 아내 독고가라와 잠자리에 함께 드는 것이라고 말할 정도였다. 그런 강박이 범생이처럼 보이고, 애처가를 넘어 공처가로 비쳐졌을지 모른다. 그래서 진시황에 비해 역사에서 더 작아 보였을지 모른다. 그 또한 양견으로서는 억울한 일이 아닐 수 없다.

## 범생이과 리더의 공통점

1. 다이아몬드 수저다.

   (feat : 출신성분이 좋거나 권력에 무임승차 하거나)

2. 관상이 출중하다.

   (feat : 적어도 선하다는 소리는 듣는다)

3. 주변의 칭송이 자자하고 큰길만 걸으며 자란다.

   (feat : 가끔 신동 소리도 듣는다)

4. 일찍부터 세상의 이목을 끈다.

   (feat : 스스로 관종 짓도 한다)

5. 하늘에서 시도 때도 없이 별이 쏟아진다.

   (feat : 타고난 운은 어쩔 수 없다)

6. 정치하지 말라는 소리를 듣기도 한다.

   (feat : 권력욕이 없는 듯하면서도 항상 권력 주변을 맴돈다)

그리고

7. 남에게 안 좋은 소리 듣기 정말 싫어한다.

   (feat : 남에게도 싫은 소리를 절대 하지 않는다)

8. 누군가가 나서서 떠먹여 주어야 못 이긴 척 받아먹는다.

   (feat : 먹고 싶어도 절대 먼저 나서는 법이 없다)

9. 손해 보는 일을 절대 하지 않는다.

   (feat : 이익은 대충 계산하지만, 손해는 엄청 꼼꼼하게 따진다)


그래서

0. 누구도 믿지 않는다.

   (feat : 가끔 자신도 믿지 않는다)


결핍이 없어 악착스럽지 않다.

그래서 결국 크게 이루지 못하고 고만고만하다.

## 변론 2, 무조의 업

당의 초대 황제는 고조 이연이다. 그러나 그를 당의 창업 군주라 칭하기가 주저된다. 그는 거사의 깃발을 스스로 들려고 하지 않았고, 창업도 마지막까지 주저했기 때문이다. 역사가 기회를 준 선택의 순간에 몸을 던지지 않았다.

수양제의 폭정이 극에 달하자 전국에서 반란이 일어났다. 이런 상황에서 둘째 아들 이세민이 거병을 재촉하자 아들이라도 반역죄로 고발하겠다며 버텼다. 결국 이세민과 참모들이 공작(?)을 벌여 하는 수 없이(!) 거병했다. 여자를 밝히는 그에게 궁녀를 범하게 한 것이다. 이 공작 야사는 믿을 수 없는 자의 기록에서 인용되어 신빙성이 떨어진다. 그러나 이연이 창업에 얼마나 소극적이었으면 이런 야사까지 전해질까 싶다.

그는 또 수나라 수도 시안을 장악한 뒤에도 수문제를 폐하고 수 공제를 옹립한 후 승상 자리만 차지할 뿐 스스로 황제에 오르려 하지 않았다. 답답한 이세민이 수를 폐하고 당을 세워 황제에 오르라고 재촉하나 "지금은 그럴 때가 아니다."고 거부한다. 결국 시안을 버리고 남쪽으로 도망갔던 수양제가 부하에게 시해당했다는 소식이 전해지자 그때서야 못 이긴 척 제위를 선양 받아 황제에 오른다. 신중한 걸까? 비겁한 걸까? 원래 그 경계가 애매하다.

당고조 이연은 황제에 오른 이후에도 수의 잔당 세력과 산시성, 허난성의 반란 세력 그리고 허베이의 농민 봉기까지 남북을 오가며 모든 반란을 진압하고 제국을 안정시키는 창업 군주로서 으레 치러야 할 뒤치다꺼리까지 모두 둘째 아들 이세민에게 의존했다. 덕분에 당시 이세민은 하늘이 내린 장수라는 천책상장天策上將의 별호까지 얻는다. 그 주변에는 선비족 출신 무장들과 책사들까지 수양제에 반기를 든 당대 관롱집단의 실력자들이 다 모여든다. 이세민은 창업주의 둘째 아들이 아니었다. 당고조 이연과 창업 파트너, 아니 실질적인 창업자였다.

당 태종 이세민

창업의 속내가 이러니 당의 본거지인 타이위안에만 죽쳤던 장남인 태자 이건성은 불안했다. 권력 승계를 위한 왕자의 난은 불가피했다. 결국 이세민은 '현무문의 변'을 일으켜 형과 동생, 두 형제를 죽이고 스스로 황제에 오른다. 당고조는 재위 8년 만에 간만 보다가 태상황으로 물러난다. 당 태종 이세민을 역사가들은 "한나라 유방과 위나라 조조의 기량을 한 몸에 갖췄다."고 평한다. 당의 창업 군주는 당고조가 아니라 당 태종이라는 말이다.

모든 왕조가 그렇다. 창업 군주는 당연히 강強이다. 2대는 약弱이다. 아버지의 기에 눌려서다. 그래서 2대에 가서 창업 공신들의 신권臣權이 왕권王權을 위협할 정도로 커진다. 3대에 가서 다시 강強이 들어서 창업 공신들을 숙청하고 왕권을 회복한다. 4대에 가서 그 기반으로 군신의 균형 위에 전성기를 구가한다. 또 그 전성기가 사실은 몰락의 출발점이 되기도 한다. 기승전결이다. 그 사이에 건너뛰는 왕들도 있을 수 있다. 한 왕조에서 이 주기를 여러 번 거칠 수도 있다. 그러나 그 기간이 200년이면 한 왕조는 결국 소멸한다. 그래서 나온 게 '200년 왕조설'이다.

당 태종은 말년에 후계문제로 고민한다. 수가 어떻게 멸망했는지를 직접 봤기 때문이다. 그래서 더더욱 후계문제에 집착했다. 장남은 총명하지만, 남색을 즐기는 등 정신줄을 놓았다. 아버지의 기를 못 이기고 옆으로 빗나갔다. 당 태종은 자신을 닮은 차남을 총애했지만, 의욕이 넘치는 그에게서 자신의 모습을 본 탓일까. 두려웠다. 조선의 태조 이성계도 같은 고민이 있었을 것이다.

결국 소심하고 유약하나 비교적 온화한 성품을 가진 문덕황후의 3남 이치에게 제위를 넘긴다. 당 태종은 그래도 이치가 불안했던지 개국공신이자 처남인 장손무기에게 그를 잘 보좌해줄 것을 신신당부한다. 이치가 바로 고종이고, 그가 강强이었던 당 태종 이세민을 이은 약弱이었다.

여기서 다룰 주인공은 측천무후다. 중국에 "황제는 천하를 다스리고, 여인은 황제를 지배한다皇帝治理天下, 而皇帝被女人支配"는 말이 있다. 이 경구를 중국 역사에서 보여준 세 명의 여인이 있다. 한 고조 유방의 아내인 고황후 여치와 청나라 함풍제의 황후 서태후 그리고 측천무후 무조를 꼽는다. 그러나 측천무후는 고황후, 서태후와 달리 천하의 권력을 틀어쥐는 것에 만족하지 않고 스스로 황제에 오른 유일한 여인이다. 그래서 중국 역사상 최초이자 유일한 여황제다.

수양제의 대토목 공사로 졸부가 된 목재상의 딸로 태어난 무조는 서른에 당 고종의 황후 측천무후가 되어 여든까지 50년 동안 권력을 단 한 번도 놓지 않았으며, 예순일곱에는 스스로 황제에 올라 중국 역사상 최고령 황제의 기록도 세웠다. 그러나 이런 그녀에 대한 역사적 평가는 고황후, 서태후와 함께 '중국의 3대 악녀'로 낙인찍는다. 가혹하다. 물론 그녀의 업이니 어쩌겠는가? 이제 그녀를 악녀로 낙인한 그 업을 쫓아가 보자.

측천무후는 강强인 태종에 이은 약弱인 고종의 황후다. 그러나 그녀는 원래 당 태종의 후궁으로 입궐했다. 태종이 죽자 비구니가 되어 절에 갔다가 고종의 부름으로 다시 후궁으로 돌아왔다. 당시에는 후궁이 자식을 낳지 못한 채 왕이 죽으면 비구니가 되어 절에 들어갔다. 그녀도 그렇게 절에 들어갔는데, 고종의 황후인 왕씨가 고종의 사랑을 독차지한 소숙비를 견제하기 위해 그녀를 불러들인 것이다.

무조는 재입궐하여 황후와 결탁하여 먼저 소숙비를 폐출한다. 이어 자신을 불러들인 황후마저 자신의 딸을 교살했다고 모함하여 폐서인시키고 자신이 황후에 오른다. 왕 황후가 호랑이 새끼를 끌어들인 셈이다. 그러나 측천무후의 발톱은 내전에 머물지 않았다. 황후에 오른 후 바로 개국공신인 장손무기까지 자살토록 하고 그 일가를 멸족한다. 장손무기는 당 태종의 처남으로 고종의 공식 후견인이었으며, 그 일가는 당대 지배 세력인 관롱집단을 대표하는 가문이었다.

그녀의 권력투쟁은 여기서 끝나지 않았다. 측천무후는 황태자인 이충에게 대역죄를 뒤집어씌워 죽이고, 자신이 낳은 두 번째 황태자인 이홍마저 자신의 뜻을 거스른다고 독살하였으며, 자신이 낳은 세 번째 황태자인 이현李賢 또한 여색을 밝힌다고 모함하여 폐출한 후 스스로 자결케 했다. 황후를 폐하고, 개국공신을 죽이고, 황태자를 대역죄로 몰아 죽이더니 마침내 자신이 낳은 황태자들까지 차례로 죽음에 이르게 한 패륜과 공포의 숙청을 통해 자신의 권력을 강화했다.

고종이 죽자 그가 낳은 또 다른 이현李顯을 황제에 옹립하는데, 그가 중종이다. 중종이 어머니 측천무후를 견제하기 위해 그의 황후와 장인을 끌어들여 정권을 장악하려 하자 측천무후는 가차 없이 그를 폐위시킨다. 그리고 마지막으로 막내인 이단을 황제에 세우는데, 그가 예종이다. 예종이 즉위한 후 하루가 멀다 하고 반란이 이어졌다. 결국 측천무후는 전면에 나선다. 예종으로부터 제위를 선양 받아 주(周, 구분하기 위해 무주 武周)를 세우고 스스로 황제에 오른다.

'아, 무조. 이 업을 다 어찌할꼬. 여든, 길지 않은 인생에 무슨 업을 이리도 쌓고 또 쌓았단 말인가?' 역사마저 고개를 가로저었다.

'무조, 무슨 까닭에 그 업을 쌓으며 여기까지 왔는가? 대체 무슨 바람으로 이 끔찍한 업들을 지었는가?' 그래서 역사는 고개를 갸우뚱한다.

## 측천무후를 위한 변명

지금부터는 그 당시로 돌아가서 무조, 그녀의 목소리를 직접 들어보도록 하자. 그녀가 왜 그런 업을 쌓고 또 쌓았는지, 왜 쌓아야만 했는지. 적어도 한번은 그녀의 변명을 들어줄 필요가 있지 않을까? 또 무조, 측천무후는 그 정도 인물은 되지 않을까?

무조는 졸부 무사확이 후처로 새로 들인 수나라 황족 양씨 사이에서 태어난 둘째 딸로, 열네 살에 장손황후를 잃은 태종의 후궁으로 궁에 들어갔다. 그녀의 빼어난 용모 때문에 차출되었다고 하나, 그것은 사서의 상투적인 표현일 뿐이다. 오늘날 알려진 그녀의 외모에 대한 기록을 보면 이마가 넓고 턱이 사각형이며 이지적인 용모에 골격이 다부지다고 한 것으로 보아 요즘 기준으로 봐도 여성으로서 그다지 매력이 있어 보이지 않는다. 실제로 태종과 사이에서 자식을 갖지 못했다.


무조가 태종의 후궁 시절 이야기다. 개국공신이자 태종의 오른팔이었던 대장군 울지경덕이 궁에 새로 들어온 사나운 말을 길들이지 못해 쩔쩔매자 갓 들어온 하급 후궁이었던 그녀가 앞에 나섰다. 태종이 신기한 듯 어린 궁녀에게 그 방법을 묻자,

"쇠막대기로 때려 먼저 기를 죽이겠습니다."

"안 되면?"

"철추로 내려치겠습니다."

"그래도 말을 안 들으면?"

"그러면 비수로 목을 찔러야지요."

태종은 고개를 갸우뚱하며

"그러면 말이 죽지 않느냐?"

"대장군을 다치게 한다면 말 한 마리 죽이는 것이 무슨 대수겠습니까?"

무조는 거리낌 없이 답한다.

어린 궁녀의 당차고 대범한 답변에, 그 단호함에 놀랐겠지만, 태종이 후궁으로 총애할 수는 없었을 것이다. 왠지 섬찟

측천무후 무조

했을 거고, 뭔가 께름칙했을 것이다.

그런데 이런 모습을 뒤에서 본 태종의 셋째아들 이치는 생각이 달랐다. 그런 무조가 마음에 들었던 모양이다. 그 이후 둘 사이에 연정이 오갔다는 기록이 있다. 이치가 왜 아버지의 후궁인 무조에게 마음을 보인 것일까? 여성의 외모나 성격에 대한 독특한 취향이 있었나? 아니면 무조에게서 어떤 매력을 본 것일까? 단서가 될 만한 기록이 없다.

그래서 나름 상상해보면, 문약한 자신이 갖지 못한 권력 의지를 그녀에게서 본 것은 아닐까? 그래서 마음속에 점 찍어 두었고, 얼떨결에 황제에 오르고 보니 아버지 태종 때의 개국 공신들이 조정을 장악해 국사를 좌지우지하고, 역시 관롱집단 출신인 왕 황후가 내실을 차지하고 있는 상황에서 문득 그녀를 다시 떠올리지 않았을까? 그래서 그녀를 통해 새로운 돌파구를 찾으려 한 것은 아니었을까?

후궁으로서 태자에게 마음을 열어준 무조 또한 보통은 아니다. 자신을 돌아보지 않는 태종보다 자신에게 마음을 보여준 이치에게 더 끌렸을 것은 당연하다. 그보다 그녀의 가슴 속에 감추어 둔 권력 의지를 발현할 수 있는 대상으로 이치가 눈에 들어왔을지 모른다. 황제에 오른 이치가 고종이 되어 감읍사로 찾아왔을 때 그를 위해 자신의 권력 의지를 불태울 수 있을 거라 생각했을지 모른다.

두 사람이 한순간 이렇게 이심전심으로 교감했다면, 기록은 왕 황후가 소숙비를 치기 위해 무조를 들였다고 하지만, 기록에 남지 않은 그 이면에 어쩌면 무조와 고종이 그 상황을 연출했을지도 모른다. 그리고 왕 황후를 폐서인한 무조의 모함도 앞뒤 상황이 맞지 않는 어설픈 시나리오임에도 불구하고 고종이 적극적으로 받아들인 것 역시 적어도 불감청고 소원不敢請固所願, 먼저 무조에게 요청하지는 않았지만, 바라는 바였을지 모른다.

무조는 황후에 오르자마자 장손무기, 저수량 등 당대 권력자들에 대해 숙청작업을 벌인다. 멀리 오호, 북조 시대를 거쳐 수나라는 물론 당의 건국과 당 태종의 왕자의 난까지 주도한 권력의 핵심 세력이었던 관롱집단에 대한 대대적인 피의 숙청을 이어간다. 이 친위 쿠데타를 이끈 이가 바로 무조, 측천무후다. 고종은 뒤로 한발 물러나 있었다. 그렇다면 갓 황후에 오른, 세력도 딱히 없던 측천무후가 어떻게 당대 실세 그룹인 장손무기와 그 일파들을 숙청할 수 있었을까? 그래서 학계에서는 고종의 배후설을 제기한다.

장손무기는 태종과 함께 수를 멸하고 당을 세운 창업 파트너였다. 그의 여동생이 바로 당태종 이세민의 황후, 문덕황후다. 그래서 왕자의 난을 함께하며 이세민을 황제로 옹립한 일등 공신이었다. 또한 태종이 후계문제로 고심할 때 총명하고 유능한 차남을 제치고 소심하고 온순한 이치를 천거했다. 그래서 고종의 후견인이 되었다. 고종 이치의 외삼촌이기도 하다.

장손무기는 유약한 이치를 내세워 자신의 권력을 강화하려는 의도도 있었을 것이다. 실제로 고종이 즉위하자 그는 저수량 등과 함께 문약한 고종을 대신해 권력을 쥐고 정사를 휘둘렀다. 그들이 권력을 남용했는지 그 여부를 떠나 신권이 확실하게 왕권을 넘어섰다. 이것이 정도에 벗어났는지 그 여부를 떠나 당사자인 고종으로서는 위기감을 느끼기에 충분했을 것이다. 더욱이 장손무기를 비롯한 관롱집단은 이미 수를 일으켰다 수양제를 몰아내고 수를 멸망시키고 당을 세운 경험까지 가진 세력이었다. 고종으로서는 심히 부담스럽다. 당 왕조도 그렇게 수나라처럼 단명으로 끝날 수 있다. 불안했을 것이다.

고종이 온순하고 문약하다지만 그래도 당 태종의 황태자로 당대 태자교육의 1타 강사인 석학 위징魏徵으로부터 엄격하게 제왕학을 배웠다. 세력의 역관계를 읽어내고 계산하지 못할 정도로 무지하지 않았고, 신권에 의해 왕권이 휘둘러지는 그런 위기를 방치할 만큼 무능하지도 않았다. 그가 태자 시절 무조를 눈여겨본 것도 그 까닭이고, 굳이 비구니가 된 그녀를 궁으로 다시 부른 것도 그 이유였을 것이다.

그는 무조에게서 훔쳐본 권력 의지를 이용해 자신을 위협하는 장손무기 등 관롱집단을 제거하려고 했을지 모른다. 그런 후에 가신들의 상소를 내세워 무조를 폐하면 그만이라고 생각했을지 모른다. 사실 이것이 고종 배후설의 주장이기도 하고, 실제로 쿠데타 직후에 측천무후를 폐위하라는 수많은 상소가 올라오기도 했다.

그러나 이 주장은 반은 맞고 반은 틀렸다는 생각이다. 고종이 장손무기 세력을 견제하기 위해 무조를 끌어들였다는 주장은 설득력이 있다. 그러나 장손무기 일파를 숙청하는 무조의 쿠데타를 배후 조종했다는 주장은 과하다. 실제로 측천무후가 허경종을 시켜 장손무기 세력이 역모를 꾸몄다고 모함하는 과정에 고종이 개입하거나 배후 조종할 여지와 흔적이 보이지 않는다. 또 그 후 처리 과정을 보면 고종은 분명히 뒤로 한발 물러나 있었고, 심지어 애매한 위치에 서서 진행 상황을 지켜보며 거리를 두었다.

고종으로서는 이 모함에 총대를 멘 허경종이라는 인물이 신실하지 않다는 사실을 잘 알고 있었다. 그래서 자신이 볼 때 장손무기를 엮는 역모 시나리오가 어설퍼 무조의 쿠데타가 성공할 수 있을지 확신하지 못했다. 또 잘못 개입했다가 장손무기 등 관롱집단의 역쿠데타라도 일어난다면 자신까지 폐위당할 수 있었다. 그래서 엄밀히 말하자면 무조의 친위 쿠데타를 수수방관했다. 사실 고종이라는 자의 배포가 딱 그 정도였다. 고종 배후설은 여러 상황으로 보아 그럴 듯하나, 고종의 처지와 성정으로 보아 무리다. 그러면 쿠데타는 어떻게 성공했을까?

그것은 측천무후의 타고난 성정과 그녀가 내세운 대의 때문이 아닐까 싶다. 갓 황후가 되었지만, 장손무기에 기죽을 성격이 아니다. 측천무후는 목표가 세워지면 어떤 방해물에도 좌고우면하지 않고 어떻게 해서든 끝장을 보는 성격이다. 앞서 사나운 말을 길들일 수 없다면 목에 비수를 찌르겠다는 궁녀 시절의 사례를 군이 소개한 이유다. 거기다 선황제인 태종이 세운 당이 수나라처럼 단명해서는 안 되고, 신권에 의해 황권이 휘둘려져서도 안 되며, 강력한 황권을 앞세워 당을 황제의 나라로 천세 만세 이어가야 한다는 대의가 분명했다.

고종이 갑읍사에 있던 그녀에게 손을 내밀었을 때 그녀는 그 대의를 자신의 사명감으로 받아들였을 것이다. 그러나 고종과 대의를 함께 공유하거나 합의한 기록은 없다. 아니

무조 스스로 대의를 세우고 자신의 사명감으로 각인했다고 보는 것이 더 정확할지 모른다. 사실 고종이라는 자는 대의의 중요함보다 자신의 안위가 더 우선인 인물이었다. 그래서 무조의 단호하고 저돌적인 행동에 제 3자인 양 한발 물러나 있었던 것이다.

사실 그녀의 대의에 누가 대놓고 반대할 수 있겠는가? 그래서 장손무기와 각을 세우던 이세적 등 일부 관롱집단이 무조의 편에 섰다. 이세적은 무조의 황후 옹립에 적극 반대한 장손무기와 달리 신하가 황실 문제에 개입해서는 안 된다는 원칙적인 태도를 취함으로써 황후 즉위에 힘을 실어준 바도 있다. 거기에 측천무후의 젊은 조카 무삼사의 숨은 조력도 빛을 발했다. 반면 장손무기와 저수량은 이미 예순이 넘은 나이라 대의를 거스르면서까지 권력을 지켜야 한다는 절박함이 흔들렸고, 무엇보다 명분에서 밀렸다. 그리고 측천무후를 얕보았다.

그래서 〈후당서〉 '간신전' 첫 장에 출현하는 허경종이 모함 상소를 올렸을 때도 이를 심각하게 받아들이지 않았다.

그런데 믿었던 고종이 애매한 태도를 취하면서 이런 어설픈 무조의 시나리오가 그들에 대한 피의 숙청으로 이어졌다. 여기서 주목할 것은 권력의 역관계를 역전시키는 측천무후, 그녀의 타고난 정치 감각이다. 각 세력의 힘과 그 작동방식을 예측하고 그 틈새를 치고 들어가 모두가 예상하지 못한 카드를 던져 결과를 만들어내는 시나리오 구상과 프로듀싱 능력이다. 어쩌면 이 결과에 가장 놀란 이가 고종이었을지 모른다.

쿠데타가 성공한 이후 권력의 중심이 고종이 아니라 측천무후 쪽으로 쏠린 것은 이런 전후 맥락이라면 당연하다. 장손 무기가 연금상태에서 스스로 목을 매 자살하자 고종은 시름 시름 하더니 결국 병치레를 내세워 방에 드러누워 두문불출하고 측천무후가 그 대리인이 된다. 고종이 관롱집단을 치기 위해 무조를 끌어들였다는 주장은 설득력 있다. 그러나 친위 쿠데타 이후 그 둘의 주체와 종속 관계는 완전히 바뀌었다.

처음부터 무조는 고종이 배후 조종할 수 있는 여인이 아니었다. 고종이 무조에게 바란 것은 외삼촌인 장손무기 등 관롱집단을 견제하는 정도였다. 그런데 허걱! 관롱집단의 좌장이 자결했다. 뒤이어 측천무후를 폐위하라는 어설픈 상소가 조직되었으나 이 또한 측근의 배신으로 들통나 실패했다. 세상이 자신의 생각과 다르게 돌아간다. 불길하다. 권력의 이동이 느껴진다. 황태자 이충도 대역죄로 몰려 폐위되더니 귀향갔다가 사약을 받았다. 외삼촌도 장남도 그녀의 손에 죽음을 맞는다. 그녀가 무서워진다. 그래서 고종, 이치가 선택할 수 있는 카드는 자리에 드러눕는 것이었다.

측천무후는 자신을 먼저 알아준 이치, 그 고종을 위해 스스로 손에 피를 묻혔다. 그녀는 자신이 몸담은 이 황실이 적어도 수나라 황실의 최후를 반복하고 싶지 않은 마음에서 황권을 강화하려 했을 뿐이다. 그런데 문약한데다 비겁하기까지 한 고종이 장손무기 일당을 숙청하는 쿠데타에서 몸을 반쯤 뒤로 빼는 모습을 보일 때 적잖이 섭섭했다. 그 정도 위인인 줄은 알았지만, 결정적인 순간에서조차 그렇게 처신할 줄이야.

더욱이 쿠데타에서는 몸을 숨기더니 뒤로는 그런 자신을 폐위하라고 상소를 조직하는 음모까지 꾸미다니. 고종에 대한 배신감과 함께 자신의 포지션에 대한 불안감이 덮쳤다. 그 이후 무조의 스탠스는 바뀌기 시작한다. 특히 고종과의 관계에서.

'고종은 더 이상 믿을 수 있는 인간이 아니다.

이제 나만 보고 갈 수밖에 없다. 그런데 나의 위상은 여전히 유동적이다.

결국 내가 의지할 수 있는 것은 대의뿐,

그 명분을 부여잡고 좌고우면하지 않고 밀고 나갈 수밖에 없다.'

무조는 그렇게 스스로에게 다짐했을 것이다.

그 후 고종의 병세가 악화되어 측천무후는 수렴청정에 들어간다. 그리고 서둘러 제위를 물려줄 황태자를 세운다. 자신의 친아들인 이홍, 이현李賢이 차례로 황태자에 오르지만, 이홍은 독살되고, 이현은 폐위되었다 자결한다. 중국 역사가

들은 이 두 죽음 모두 측천무후의 소행으로 기록한다.

이 또한 무조로서는 억울하다. 이홍은 원래 고종을 닮아 병약했다. 고종이 위독하자 무리하게 요양을 끝내고 대신 정무에 나선 탓이 크다. 과로사로 보는 것이 더 설득력 있다. 자신의 입지도 아직은 확고하지 않은데 다음에 누가 황태자가 될지 모르는 상황에서 후계자가 된 친아들을 독살한다고? 거기다 병석에서도 자신을 경계하는 고종과 호시탐탐 자신의 폐위를 노리는 대소 신료들이 앞뒤에서 눈을 부라리고 있는데 친아들인 황태자를 굳이 독살하는 것이 과연 측천무후에게 무슨 득이 될까?

사서에서도 이홍이 죽자 고종과 측천무후는 그의 죽음을 몹시 슬퍼하였으며 부모가 자식을 황제로 추존하기까지 했다고 기록했다. 독살설은 그럴듯하지만, 측천무후에 대한 역사적 모함일 가능성이 크다.

이어 황태자에 오른 이현은 고종과 무조의 언니 사이에서 태어난 자식이라는 기록이 있다. 신빙성 있는 기록은 아니다. 그러나 밑밥이다. 그래서 그를 폐위하고, 자결토록 했다고 측천무후에게 그 죄를 뒤집어씌우기 위한 명분 깔기다. 이현의 폐위 명목이 여색이었다고 역사는 이유를 대지만, 이 또한 폐위하고 자결하도록 할 만한 명분으로 부족하다. 측천무후를 의심하게 하는 또 다른 장치에 불과하다.

당시 측천무후의 판단은 달랐을 것이다. 이현의 성정이나 정치력이 황실을 장악한 관롱집단의 신권을 제어하고 황권을 다잡기에 여리고 부족하다고 본 것이다. 그녀의 기준은 분명했다. 수나라 황실과 같은 운명을 반복하지 않기 위해서는 신권에 휘둘리지 않는 강력한 황권을 세우는 것이다. 이현은 단지 그 기준에 미달했을 뿐이다.

그렇다고 그를 굳이 귀향지까지 쫓아가 자살하게 할 이유는 없다. 그에게 남은 어떤 힘도, 세력도 없는데, 굳이 그를 죽여 정치적 이슈로 만들 이유가 없기 때문이다. 그가 자살한 이후 조정에서는 소문이 돌고, 의혹이 제기되고, 파문이 일었다. 그 화살은 또 고스란히 측천무후에게 집중되었다. 답답하고 억울했을 것이다. 신료들의 잔인하고 집요한 몰이에 몸서리까지 쳐졌을 것이다. 자식 잃은 어미에게 너무나 가혹한 여우 사냥이다.

네 번째로 고종이 죽은 뒤 황제에 오른 측천무후의 세 번째 아들이 이현李顯이다. 그가 중종이다. 그는 제위 한 달 만에 폐위된다. 또 측천무후? 역사도 측천무후에게 책임을 돌린다. 이건 정말 왜곡이다. 중종이 황제에 오르자 그의 아내 위황후와 장인 위현정이 권력을 장악하려고 달려들었다. 중종이 장인 위현정을 시중에 올리려 하자 신하들이 반발했다. 이에 중종은 "내가 천자인데, 천자 자리를 그에게 준들 누가 뭐라고 하겠는가?"라고 반발했다.

이 사건은 그때까지도 측천무후가 권력을 완전히 장악하지 못했다는 방증이 되기도 한다. 그렇지 않다면 어떻게 갓 황제에 오른 중종의 장인이 바로 시중 자리를 노리며 권력을 장악하려 했을까? 이에 재상 등이 나서 중종 폐위를 주장했다. 그런데 이것마저 측천무후가 배후 조종했다고? 측천무후도 폐위에 동의했지만, 폐위를 먼저 주장한 재상 일파는 그동안 측천무후와 대립하며 정쟁을 벌여왔던 세력이었다.

정말 무섭다. 집요한 그들의 저항과 재집권 의지, 그래서 측천무후는 더욱 대의와 명분에 집착할 수밖에 없었을 것이다.

마지막으로 측천무후의 네 번째 아들 이단이 즉위하는데, 그가 예종이다. 그는 형들과 나이 차이가 많이 나는 막내로, 어린 나이에 형들의 죽음을 보면서 자랐다. 그런 탓일까? 그는 일찍이 황위는 물론 권력에 대한 욕심을 비우고 편안한 삶을 바랐다. 낙빈왕의 토무조격(討武曌檄, 측천무후를 토벌하자는 격문)으로 유명한 이경업의 난이 일어나는 등 시국이 어수선해지자 대신들이 먼저 나서 측천무후의 즉위를 요청하자 기꺼이 제위를 넘기고 황태자 자리로 돌아갔다.

그렇게 측천무후는 궁녀로 재입궐한 지 40년 만에 황제에 오른다. 결국? 과연 그녀는 이 자리를 위해 달려온 것일까? 아니면 대의를 붙들고 달려오다 보니 이 자리까지 이르게 된 것일까? 역사는 전자라고 주장한다.

무조는 자신을 먼저 알아준 이치를 위해 그의 파트너가 되어 앞장서 손에 피를 묻혔다. 그녀의 꿈은 선왕 당 태종이 일으킨 당당한 당唐 제국의 건설이었다. 개국 공신들의 손에 휘둘리는 왕조를 다시 황제의 나라로 세우는 것이었다. 그녀가 대신들의 요청을 받아 황제에 오른 것도 어쩌면 그 대의를 위한 하나의 방도가 아니었을까 상상해본다. 즉, 황제가 되겠다는 욕심이 앞섰다기보다는 후자에 좀 더 가깝다는 쪽으로 그녀를 위해 변명해주고 싶다.

측천무후 역시 말년 들어 측근을 잘못 들었다. 적인걸이 떠난 이후 측천무후에게 직언할 신료는 사라졌다. 여든을 넘기자 병석에 들며 정사에도 손을 놓았다. 적인걸이 추천하여 그녀가 재상으로 등용했던 장간지가 측근의 농단에 반기를 들고 쿠데타를 일으켰다. 측천무후는 순순히 제위를 중종에게 넘기고 태상황제 자리로 물러났다. 중종이 황제에 오르며 무주는 당대로 멸하고 다시 당이 섰다. 그녀는 재위 중에도 자신이 세운 무주의 대를 이을 그 어떤 승계 조치도 하지 않았다. 처음부터 당을 폐할 생각이 없었던 것은 아닐까?

몸도 마음도 지치고 늙은 그녀는 쿠데타를 일으킨 신료들에게 권력을 다 넘겼지만, 눈을 감기 전 제국의 앞날을 생각하며 마음이 답답했을지 모른다. 그녀는 자신의 비석에 아무 말도 남기지 말라는 유언을 남기고 눈을 감는다. 그래서 무자비無字碑다. 측천무후가 떠나고 난 뒤 황제에 오른 중종은 그의 아내 위황후에 의해 독살당한다. 그녀가 마지막까지 우려한 일이 결국 일어났다.

태종强이 나라를 일으켰으나, 고종弱에 와서 개국공신, 관롱 집단이 날뛰었던 당나라가 현종에서 전성기를 구가할 수 있었던 것은 바로 측천무후强가 있었기에 가능하지 않았을까? 조선에서 태조强가 나라를 세우고 정종弱에 와서 개국공신이 권력을 장악했지만, 세종에 이르러 태평성대를 이룰 수 있었던 것은 태종强의 왕권 회복을 위한 피의 숙청이 있었기 때문이듯. 조선의 태종이 한 일을 당에서는 측천무후가 다 한 셈이다.

그래서 다시 생각해본다.
측천무후는 왜 굳이 무자비를 유언한 걸까?

자신의 업에 대한 평가를

먼 훗날에 맡기려 한 것은 아닐까?

측천무후의 무자비

## 권력 승계의 비밀

당 태종은 왜 건장하고 총명한 둘째 아들 이태를 버리고,

온화하고 유순한 셋째 아들 이치를 후계자로 낙점했을까?

이태에게도 물론 하자가 있었다.

그러나 역사에 기록되지 않은 태종의 심리에 뭔가가 있지 않았

을까?


아버지 입장에서 상상해보자.

왜 아버지는 자신을 닮은 야심 많은 아들이 아니라

자신과 달리 유순한 아들에게 후위를 넘길까?


기(起)

"피를 많이 봤다, 명분이야 없지 않았지만.

이 업을 자식들에게 대물림할 수는 없지. 암."

승(承)

"그땐 그랬어, 어쩔 수 없었어.

그러나 지금은 달라, 앞으로도 그래야 하고.


전(轉)

"솔직히 이 업을 감당할 자식은 없어.

맞아, 이 역사도 사실 나니까 가능했어."


결(結)

그러니 후대는 그저 고만고만하게 이대로 쭈~욱.

이 역사에 남을 이름은 나 하나로 족해.

# 권력 승계의 비밀

| | |
|---|---|
| **초판 1쇄 발행** | 2023년 11월 24일 |
| **지은이** | 최봉수 |
| **펴낸이** | 신민식 |
| **펴낸곳** | 가디언 |
| **출판등록** | 제2010-000113호 |
| **CD** | 김안빈 |
| **마케팅** | 이수정 |
| **디자인** | 미래출판기획 |
| **주소** | 서울시 마포구 토정로 222 한국출판콘텐츠센터 401호 |
| **전화** | 02-332-4103 |
| **팩스** | 02-332-4111 |
| **이메일** | gadian@gadianbooks.com |
| **홈페이지** | www.sirubooks.com |
| **종이** | 월드페이퍼(주) |
| **인쇄·제본** | (주)상지사P&B |
| **ISBN** | 979-11-6778-109-3(04900) |